Inhalt

Branchenreport AUTOMOBIL - Ausgabe 1/2011

Kernthesen

Beitrag

Zahlen und Fakten

Weiterführende Literatur

Impressum

Branchenreport AUTOMOBIL - Ausgabe 1/2011

Thomas Trares

Kernthesen

- Die deutsche Automobilkonjunktur normalisiert sich nach zwei Krisenjahren wieder.
- Besonders die Premium-Hersteller profitieren von der Stärke der Schwellenländer.
- Brasilien ist 2010 beim Automobilabsatz an Deutschland vorbeigezogen.
- Im Nutzfahrzeugsektor baut Volkswagen aus MAN und Scania einen Großkonzern.
- Die Naturkatastrophe in Japan hat die dortigen Hersteller stark getroffen.

Beitrag

Die Branchenkonjunktur

Die deutsche Autokonjunktur normalisiert sich wieder. Die Neuzulassungen werden dieses Jahr wieder die Marke von 3,1 Millionen übersteigen. Das entspricht dem Niveau von 2008. Die Jahre 2009 und 2010 standen dagegen im Zeichen der Wirtschaftskrise. Hatte 2009 die Abwrackprämie den Absatz auf 3,8 Millionen Fahrzeuge hochgetrieben, so sackte dieser 2010 auf 2,9 Millionen ab. In den ersten drei Monaten 2011 lagen die Zuwächse wieder um mindestens zehn Prozent über den Vorjahreswerten, im April gab es ein Plus von drei Prozent. Die deutschen Hersteller konnten ihren Marktanteil im laufenden Jahr auf rund 71 Prozent leicht ausbauen. (1), (2), (3), [Abb. 1]

Die Automobilhersteller in Deutschland

Die wichtigsten in Deutschland produzierenden Automobilunternehmen sind Volkswagen (VW), Audi, Daimler, BMW, Ford, Porsche und Opel. Marktführer in Deutschland und Europa ist VW. Bis 2018 wollen die Wolfsburger gar zum größten Autobauer der Welt aufsteigen. Im ersten Quartal 2011 hat VW glänzende Zahlen vorgelegt. Der Gewinn nach Steuern stieg von 473 Millionen auf 1,7 Milliarden Euro. Der Umsatz legte um 30,8 Prozent auf 37,5 Milliarden Euro zu. Der Auftragsbestand erreichte einen historischen Höchststand. Im Gesamtjahr will VW den Rekordgewinn von 7,2 Milliarden Euro aus dem Jahr 2010 übertreffen. Beim Absatz könnte die Marke von acht Millionen Fahrzeugen geknackt werden, 2010 waren es 7,3 Millionen. (6), (8)

Im Premium-Segment ist VW mit den Marken Audi und Porsche vertreten. 2011 könnte auch für Audi ein Rekordjahr werden. Ziel ist es, 1,2 Millionen Fahrzeuge abzusetzen, im Vorjahr waren es 1,1 Millionen. Im ersten Quartal 2011 legte das operative Ergebnis um mehr als die Hälfte auf 1,1 Milliarden Euro zu. Audi steuert damit gut vierzig Prozent zum VW-Gewinn bei. Porsche indes konnte zum Jahresauftakt das Ergebnis auf 496 Millionen Euro verdoppeln. Der Umsatz stieg um zehn Prozent auf 2,28 Milliarden Euro. Grund sind die Verkaufserfolge beim Cayenne. Sorgenkind im VW-Konzern ist die spanische Tochter Seat. (8)

Von der Erholung der weltweiten Automobilkonjunktur profitieren auch die Premium-Hersteller BMW und Daimler. So hat BMW 2011 das beste erste Quartal in der Unternehmensgeschichte hingelegt. Der Gewinn vervierfachte sich fast auf 1,2 Milliarden Euro, der Umsatz kletterte um fast 29 Prozent auf 16 Milliarden Euro. Beim Absatz wollen die Münchner in diesem Jahr mit mehr als 1,5 Millionen verkauften Autos einen neuen Rekord aufstellen. Bei der operativen Marge liegt BMW mit 11,9 Prozent vor Daimler und Audi, die auf 9,3 und 10,6 Prozent kommen. Daimler hat im ersten Quartal den Gewinn nach Steuern auf knapp 1,2 Milliarden Euro verdoppelt. Der Umsatz stieg um 17 Prozent auf 24,7 Milliarden Euro. Allerdings gab sich die Konzernspitze für die weitere Entwicklung in diesem Jahr zurückhaltend. (9), (16)

Bei dem Massenhersteller Opel war die Zukunft wegen der vorübergehenden Insolvenz der amerikanischen Mutter General Motors (GM) lange ungewiss. Zunächst sollten die Rüsselsheimer verkauft werden, letztlich blieben sie aber unter dem Dach von GM, wo Opel zusammen mit der britischen Vauxhall für das Europageschäft steht. Dieses schreibt weiter rote Zahlen. Im ersten Quartal 2011 waren es 263 Millionen Euro. Der Absatz von Opel und Vauxhall stieg im gleichen Zeitraum auf 320 000 Autos, nach 295 000 im Vorjahr. (17), [Abb. 2]

Die Nutzfahrzeughersteller

Das Nutzfahrzeuggeschäft ist besonders

konjunkturanfällig, deswegen haben die Lkw-Hersteller in der Wirtschafts- und Finanzkrise besonders stark gelitten. Im April 2009 lag die Produktion bei den schweren Lkw in Deutschland um achtzig Prozent unter Vorjahresniveau. Inzwischen hat sich der Nutzfahrzeugmarkt wieder erholt, von dem Vorkrisenniveau ist er aber noch ein gutes Stück entfernt. Größter Hersteller in Deutschland ist Daimler Trucks. Der Absatz der Stuttgarter kletterte im ersten Quartal um gut ein Viertel auf 89 000 Fahrzeuge. Für das Gesamtjahr rechnet die Unternehmensspitze mit "einem signifikanten Wachstum". (14), (16)

Zweitgrößter deutscher Lastwagenbauer ist MAN, der sein Geld aber auch mit dem Bau von Dieselmotoren verdient. 2010 erwirtschaftete der Konzern einen Umsatz von 14,7 Milliarden Euro sowie einen Gewinn von 722 Millionen Euro. Volkswagen plant schon länger, aus MAN und dem schwedischen Hersteller Scania einen Nutzfahrzeug-Konzern zu bauen. Nun hat VW bei MAN auf über dreißig Prozent aufgestockt. Die Wolfsburger werden in Kürze ein Übernahmeangebot abgeben. (5), (15)

Die Automobilzulieferer

Deutschlands Marktführer Robert Bosch war lange Zeit auch der größte Zulieferer weltweit. Im vergangenen Jahr zog aber der japanische Denso-Konzern an den Stuttgartern vorbei. Das Jahr 2010 schloss Bosch wieder mit einem Gewinn von 2,5 Milliarden Euro ab, nachdem man 2009 erstmals in der Unternehmensgeschichte in die roten Zahlen gerutscht war. 2011 soll es beim Umsatz einen neuen Rekord von mehr als 50 Milliarden Euro geben. Zudem will Bosch stark in Forschung und Entwicklung investieren. Mit Daimler hat der Zulieferer gerade ein Gemeinschaftsunternehmen für die Entwicklung und Produktion von Elektromotoren gegründet. (13)

Auch beim zweitgrößten Zulieferer Conti laufen die Geschäfte wieder rund. Die Hannoveraner sind im ersten Quartal 2011 stärker gewachsen als der Markt. Der Umsatz stieg gegenüber dem Vorjahr um ein Fünftel auf 7,3 Milliarden Euro, das operative Ergebnis um knapp 140 Millionen auf 634 Millionen Euro. Die Anteilseigner sollen eine Dividende erhalten. Profitieren würde davon der Zulieferer Schäffler. Dieser hatte Conti Anfang 2009 übernommen und sich dabei fast verhoben. Die Verbindlichkeiten nach dem Conti-Kauf summierten sich auf etwa elf Milliarden Euro, inzwischen konnten sie aber etwas reduziert werden. Beim Schuldenabbau setzt Schäffler auch auf Dividendenzahlungen von Conti. (12)

In der Wirtschaftskrise gab es insbesondere unter den

Zulieferern einige Insolvenzen. Honsel wurde nun von dem kanadischen Konzern Martin Rea gekauft. Martin Rea soll die operative Führung übernehmen und etwas mehr als fünfzig Prozent halten, der Finanzinvestor Anchorage den Rest. Honsel ist ein Spezialist für Motorblöcke aus Leichtmetall mit einem Jahresumsatz von rund 540 Millionen Euro und 4 000 Beschäftigten. (10)

Kritik an den Zulieferern übte zuletzt auch eine Studie der Industrie- und Handelskammer Region Stuttgart (IHK) und des Fraunhofer-Instituts. Demnach hätten sich kleine und mittelgroße Autozulieferer bisher kaum auf den anstehenden Wandel in den Antriebstechnologien vorbereitet, zudem forschten sie zu wenig. (11)

Die internationale Automobilindustrie

Nachdem der Automobilabsatz im Krisenjahr 2009 weltweit auf 57 Millionen Autos eingebrochen war, erholt sich die Automobilkonjunktur wieder. 2010 lag der Absatz bei fast 62 Millionen Autos, für 2011 werden rund 66 Millionen Fahrzeuge prognostiziert. Vor allem die großen Schwellenländer holen rasant auf. Im vergangenen Jahr hat Brasilien Deutschland als viertgrößten Autoabsatzmarkt der Welt abgelöst.

Auf den ersten drei Plätzen liegen Amerika, China und Japan. Allerdings ist in Japan der Automarkt infolge des Erdbebens und der Atomkatastrophe von Fukushima stark eingebrochen. Schwach entwickelt sich auch die Automobilkonjunktur in der Europäischen Union. Wegen des Wegfalls staatlicher Kaufanreize in vielen Ländern sind 2010 die Neuzulassungen um 5,5 Prozent auf 13,4 Millionen Einheiten geschrumpft. (4), [Abb. 3]

Ein Kopf-an-Kopf-Rennen um den Status des größten Autobauers der Welt lieferten sich in den vergangenen Jahren Toyota und GM. Seit 2008 hatten die Japaner die Nase vorn. Von dem schweren Erdbeben und dem Tsunami in Japan blieb allerdings auch Toyota nicht verschont. In den ersten drei Monaten 2011 lieferte das Unternehmen 1,79 Millionen Fahrzeuge aus, das sind 300 000 weniger als vor einem Jahr. Volkswagen hat im gleichen Zeitraum 1,97 Millionen Fahrzeuge abgesetzt, so dass die Wolfsburger nun früher als erwartet an den Japanern vorbeigezogen sind. Ziel von VW ist es, bis 2018 zum größten Autobauer der Welt aufzusteigen und mindestens zehn Millionen Fahrzeuge pro Jahr zu verkaufen. Auf Platz eins liegt nun wieder GM, die im ersten Quartal 2,22 Millionen Autos verkauft haben. GM befindet sich nach einer geplanten Insolvenz und umfangreichen Hilfen der US-Regierung wieder auf Wachstumskurs. Gleiches gilt für den Automarkt in den USA. Im ersten Quartal 2011 erwirtschafteten erstmals nach sieben Jahren alle drei großen Hersteller - also GM, Ford und Chrysler - wieder einen Gewinn. (6), (19)

Trends

VW zimmert einen neuen Nutzfahrzeugkonzern

Seit Jahren plant VW, einen integrierten Nutzfahrzeugkonzern mit MAN und Scania zu schmieden. Bei beiden Konzernen ist VW Großaktionär. Nun haben die Wolfsburger ihren Anteil an MAN auf etwas über dreißig Prozent aufgestockt. Angestrebt werden 35 bis 40 Prozent. Bis Ende Mai will man den MAN-Aktionären ein Angebot vorlegen. An Scania hält VW bereits 71 Prozent der Stimmrechte. MAN seinerseits hat 17,4 Prozent der Stimmrechte bei Scania. Die Nummer eins im Lkw-Geschäft ist seit Jahren der Daimler-Konzern, danach kommt auf globaler Ebene Volvo Trucks mit den Marken Volvo, Renault und Mack. Kann Volkswagen seine Pläne umsetzen, kämen die Wolfsburger an Volvo heran. Zwar gibt es weltweit weitere große Lkw- und Nutzfahrzeughersteller, aber

Konzerne wie FAW, Dongfeng und Tata Motors sind bislang nur in ihren Heimatmärken in China und Indien aktiv. (5), (7)

Die Automobilindustrie nach Fukushima

Das Erdbeben vom 11. März sowie die sich daran anschließende Atomkatastrophe von Fukushima haben die japanische Automobilindustrie hart getroffen. Der Absatz sank im März um 37 Prozent auf rund 280 000 Fahrzeuge. Dies ist der größte jemals in Japan festgestellte Einbruch. Auch sonst ist in Japan kaum eine andere Branche derart unter die Räder gekommen wie die Automobilindustrie. Grund ist die Just-in-Time-Produktion, die zwar die Lagerkosten senkt, aber auch störungsanfällig ist. Da die Japaner Komponenten in alle Welt liefern, wird durch die Naturkatastrophe auch die weltweite Automobilproduktion beeinträchtigt. Von den deutschen Herstellern ist Daimler besonders betroffen, da die Stuttgarter auch in Japan engagiert sind. Daimler gehört die Mehrheit an dem japanischen Nutzfahrzeughersteller Fuso. Der zwei Wochen lange Stillstand des Fuso-Werks kostete Daimler im ersten Quartal 49 Millionen Euro. (6), (18)

Zahlen & Fakten

Abbildung 1: Der deutsche Automarkt

Pkw/Kombi	2010	Veränderung in Prozent
Produktion	5.551.400	12 %
Export	4.235.400	24 %
Neuzulassungen	2.916.260	-23 %
-davon inländische Marken	2.038.000	-19 %
-davon ausländische Marken	878.300	-32 %

Quelle: Verband der Automobilindustrie (VDA), Kraftfahrt-Bundesamt (KBA) Entnommen aus: Börsen-Zeitung, 05.01.2011, Nummer 2, Seite 12, (2)

Abbildung 2: Neuzulassungen in Deutschland nach Herstellern

Hersteller	2010	2009	Veränderung in Prozent	Marktanteil 2010 in Prozent
VW-Konzern	1.023.279	1.300.230	-21,3	33,5
davon VW	613.808	805.262	-23,8	21,2

davon Audi	226.872	234.861	-3,4	6,2
davon Seat	50.449	69.437	-27,3	1,8
davon Skoda	132.150	190.717	-30,7	5
Daimler	310.309	316.507	-2	8,3
BMW/Mini	266.729	258.041	3,4	6,8
Opel/GM-Gruppe	257.983	371.240	-30,5	9,7
Ford	198.156	290.620	-31,8	7,6
Renault/Dacia	153.555	225.965	-32	5,9
PSA	152.678	231.577	-34,1	6,1
davon Peugeot	84.242	130.207	-35,3	3,4
davon Citroen	68.436	101.370	-32,5	2,7
Fiat-Gruppe	88.274	163.953	-46,2	4,3
Toyota/Lexus	78.708	138.498	-43,2	3,6
Hyundai	74.287	91.330	-18,7	2,4
Nissan	61.375	66.463	-7,7	1,7
Mazda	46.210	60.032	-23	1,6
Porsche	16.257	15.343	6	0,4
Gesamt	**2.916.260**	**3.807.175**	**-23,4**	

Quelle: Kraftfahrt-Bundesamt (KBA); Börsen-Zeitung
Entnommen aus: Börsen-Zeitung, 05.01.2011, Nummer 2, Seite 12, (2)

Abbildung 3: Der Weltautomarkt 2010

Land/Region	Neuzulassungen in Millionen	Veränderung in Prozent
USA	11,6	11
China	11,3	34
Japan	4,2	7
Brasilien	3,3	11
Deutschland	2,9	-23
Indien	2,4	31
Russland	1,9	30
Europa	13,8	-5
Welt	61,7	12

Quelle: VDA Entnommen aus: Frankfurter Allgemeine Zeitung, 15.01.2011, Nr. 12, S. 13, (4)

Weiterführende Literatur

(1) VDA bekräftigt Marktprognose - Verbandspräsident Wissmann geht davon aus, dass das Neuzulassungsvolumen 2011 in Deutschland die 3,1-Millionen-Marke überschreiten wird. Auch für den globalen Pkw-Absatz zeigt er sich optimistisch. aus AUTOHAUS Online vom 23.03.2011

(2) Deutscher Automarkt dreht wieder ins Plus Pkw-Neuzulassungen im Dezember um 6,9 Prozent höher -

Kräftiger Anstieg der Auftragseingänge
aus Börsen-Zeitung, 05.01.2011, Nummer 2, Seite 12

(3) Auto-Nachfrage schwächt sich ab Marktanteil deutscher Hersteller wächst - Ausland bestellt weiterhin flott - VDA: "Erfreulich gute Auslastung"
aus Börsen-Zeitung, 04.05.2011, Nummer 85, Seite 13

(4) Brasilien überholt Deutschland
aus Frankfurter Allgemeine Zeitung, 15.01.2011, Nr. 12, S. 13

(5) MAN und Scania profitabel
aus Darmstädter Echo, 10.05.2011

(6) Volkswagen überholt den Erzrivalen Toyota
aus Stuttgarter Zeitung, 12.05.2011, S. 13

(7) Volkswagen bietet zehn Milliarden Euro für MAN
aus Berliner Morgenpost online, 10.05.2011, 15:34:01

(8) Volkswagen rückt weiter auf
aus FAZ.NET, 27.04.2011

(9) BMW mit Rekordquartal - Soviel Geld haben die Münchner in einem Vierteljahr noch nie verdient. Der Boom auf den Automärkten der Welt sorgt für Milliardeneinnahmen. Die Konkurrenten sehen derzeit nur die Rücklichter.
aus AUTOHAUS Online vom 04.05.2011

(10) Martin Rea greift sich Autozulieferer Honsel Kanadier paktieren mit Finanzinvestor // Niederlage

für ZF
aus Financial Times Deutschland vom 05.05.2011, Seite 4

(11) Autozulieferer kaum für Zukunft gerüstet
aus Stuttgarter Nachrichten, 29.04.2011, S. 11

(12) Conti stellt Dividende in Aussicht Gute Branchenentwicklung - Bei dem Autozulieferer laufen die Geschäfte rund. Daran will der Hannoveraner Konzern nun offenbar auch seine Anteilseigner beteiligen. Eine Dividende wäre vor allem eine gute Nachricht für Großaktionär Schaeffler - der sich bei der Übernahme von Continental fast das Genick gebrochen hat.
aus FINANCIAL TIMES Deutschland

(13) Ungebremst zum Rekordumsatz Jahresbilanz Der Automobilzulieferer Bosch schließt 2010 mit einem Milliardengewinn ab und peilt für das laufende Jahr einen Rekordumsatz an. In Forschung und Entwicklung will das Unternehmen vier Milliarden Euro investieren.
aus Bayerische Rundschau vom 15.04.2011, S. 31

(14) Daimler Trucks freut sich über regen Auftragseingang Für 2011 stärkeres Wachstum als der Markt
aus Börsen-Zeitung, 19.03.2011, Nummer 55, Seite 13

(15) VW greift nach MAN - Nach dem integrierten Autokonzern wollen die Wolfsburger jetzt einen

integrierten Nfz-Konzern mit MAN, Scania und Volkswagen schmieden. Dazu wurde der MAN-Anteil auf etwas über 30 Prozent erhöht.
aus AUTOHAUS Online vom 09.05.2011

(16) Daimler enttäuscht trotz satter Gewinne
Konzernchef sieht Belastungen auf den Autobauer zukommen
aus Berliner Zeitung, Ausgabe 100 vom 30.04.2011, S. 12

(17) "Opel erreicht 2011 Gewinnschwelle" - AUTOMARKT GM im ersten Quartal mit Milliarden-Gewinn / Reilly sieht Europa-Geschäft auf Erfolgskurs
aus Allgemeine Zeitung vom 06.05.2011

(18) Japanische Autoproduktion mit halber Kraft
aus Frankfurter Allgemeine Zeitung, 11.04.2011, Nr. 85, S. 15

(19) Alle US-Autobauer wieder profitabel
aus Finanz und Wirtschaft vom 07.05.2011, Seite 33

Impressum

Branchenreport AUTOMOBIL - Ausgabe 1/2011

Bibliografische Information der deutschen Nationalbibliothek

Die Deutsche Nationalbibliothek verzeichnet diese Publikation in der deutschen Nationalbibliografie; detaillierte bibliografische Daten sind im Internet über http://dnb.d-nb.de abrufbar.

ISBN: 978-3-7379-1847-3

© 2015 GBI-Genios Deutsche Wirtschaftsdatenbank GmbH, Freischützstraße 96, 81927 München, www.genios.de

Alle Rechte vorbehalten. Dieses Werk ist einschließlich aller seiner Teile – z.B. Texte, Tabellen und Grafiken - urheberrechtlich geschützt. Jede Verwertung außerhalb der Grenzen des Urheberrechtsgesetzes bedarf der vorherigen Zustimmung des Verlags. Dies gilt insbesondere auch für auszugsweise Nachdrucke, fotomechanische Vervielfältigungen (Fotokopie/Mikroskopie), Übersetzungen, Auswertungen durch Datenbanken oder ähnliche Einrichtungen und die Einspeicherung und Verarbeitung in elektronischen Systemen.